HF450602

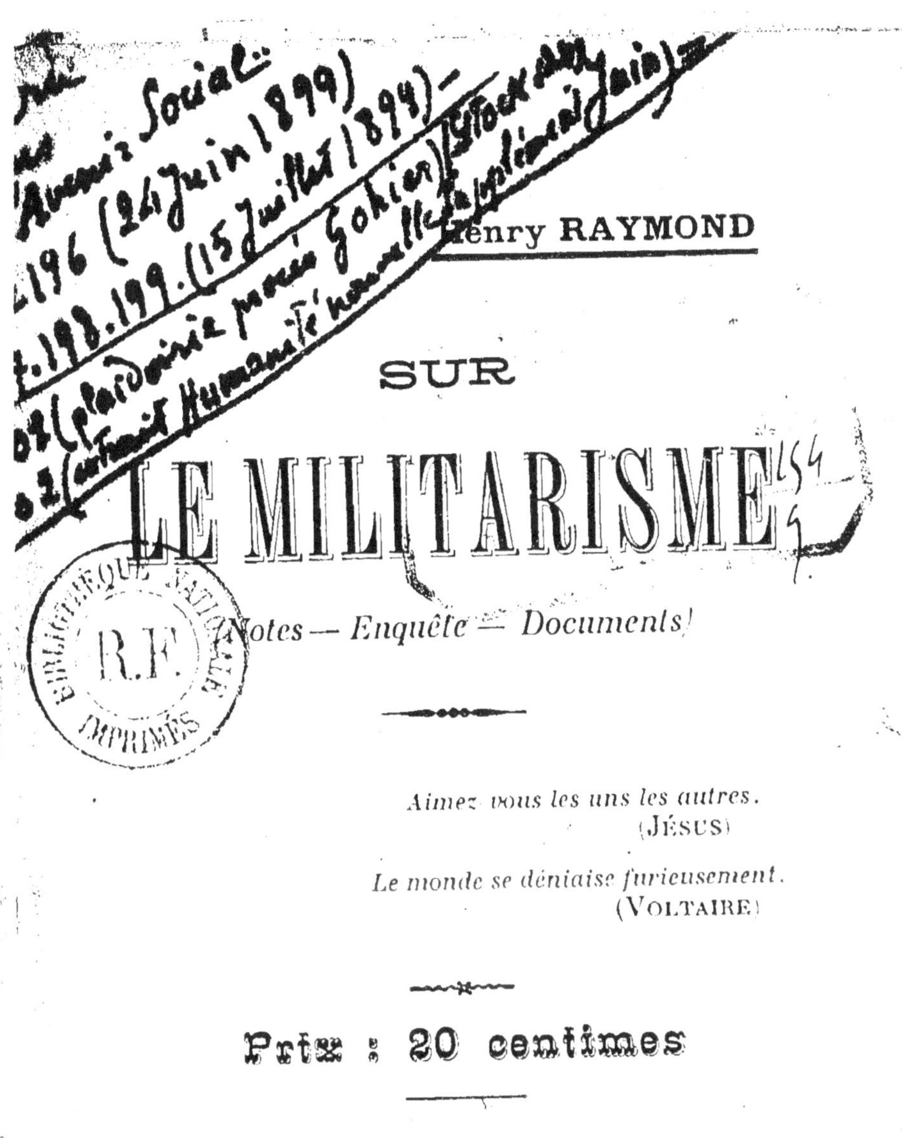

Henry RAYMOND

SUR
LE MILITARISME

(Notes — Enquête — Documents)

> *Aimez vous les uns les autres.*
> (JÉSUS)

> *Le monde se déniaise furieusement.*
> (VOLTAIRE)

Prix : 20 centimes

MARSEILLE

PAPETERIE - IMPRIMERIE COLBERT
Rue Puvis-de-Chavannes, 54-56

1899

Henry **RAYMOND**

SUR

LE MILITARISME

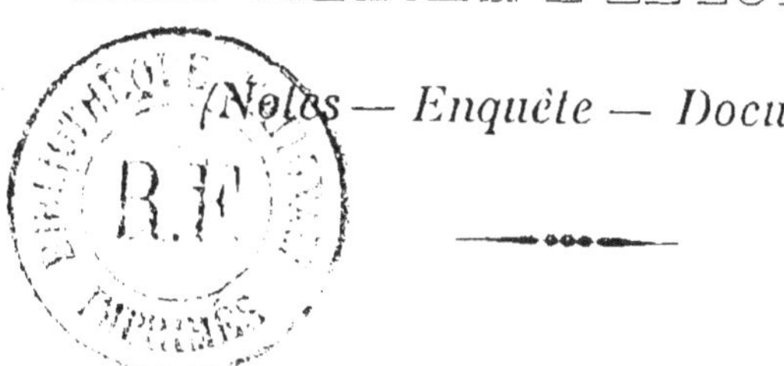

(Notes — Enquête — Documents)

Aimez-vous les uns les autres.
(JÉSUS)

Le monde se déniaise furieusement.
(VOLTAIRE)

MARSEILLE

PAPETERIE-IMPRIMERIE COLBERT

Rue Puvis-de-Chavannes, 54-56

1899

À URBAIN GOHIER

À A. HAMON

À MES FILS
dès qu'ils sauront lire

Pourquoi cette publication, d'un in-
connu, après tant d'autres d'écrivains si
documentés ?...

Sur la lecture de quelques livres et
revues conseillés, une sœur m'écrivit :
« Tes journaux disent du mal de l'armée.
« Moi j'aime l'armée : et si j'étais garçon,
j'aurais été soldat... »

Pauvre chère sœur, toute franchise et
toute innocence... toute inconscience !...
confondant l'effet avec la cause, prise au
piège menteur du brillant de l'uniforme,
de la gloire des armes.

De quoi est faite cette gloire ! D'où
vient ce brillant ?

Tu ne t'es pas demandée ? Tu ne sais.
Combien ne savent pas !

Combien confondent cause et effet,
armée et militarisme. Comme si on pouvait attaquer l'armée : le peuple, la
France entière ! C'est l'esprit qu'il faut
changer, l'esprit de force brutale et de
violence... Soyons donc au dessus des
hommes !

En critique sociale, les personnes im-
portent peu, ne comptent pas. Aucune
n'a voulu être, n'est visée, ici, dans ces
lignes uniquement tirées d'ailleurs en
exemple d'ouvrages déjà parus.

C'est le militarisme, l'esprit militariste que j'ai voulu dégager des faits et des méfaits. Trève de personnalités...

Combien confondent ! ne savent pas !

C'est pour eux que j'ai groupé ces pages sans acrimonie, sans amertume, simplement en toute sincérité.

HENRY RAYMOND.

*
* *

Pour les Chrétiens :

La doctrine chrétienne prescrit au chrétien l'humilité, la non résistance au mal ; elle lui ordonne d'aimer tous les hommes et même ses ennemis ; le chrétien ne peu donc pas être soldat, c'est-à-dire appartenir à une classe de gens dont la seule raison est de tuer leurs semblables...

Comment concilier la doctrine nettement exprimée par Jésus et contenue dans le cœur de chacun de nous — pardon, humilité, patience, amour de tous, amis ou ennemis — avec l'exigence de la guerre et de ses violences, contre nos concitoyens ou l'étranger ?

COMTE LÉON TOLSTOÏ.

SUR LE MILITARISME

Honneur de l'Armée. — Parole de Soldat

Au café, chez le coiffeur, dans la rue, à la première et à la quatrième page des journaux, partout, à tout propos, et hors de propos, nos oreilles et nos yeux perçoivent ces mots : « *Honneur de l'Armée*», « *Parole de Soldat* », « *Patrie, Loyauté* » ... etc.

Grattons un peu le vernis des mots et voyons, analysons.

Honneur de l'Armée ! Cela sonne bien à l'oreille, et avec beaucoup de majuscules, ce n'est pas laid à l'œil. Mais, qu'est-ce que cela veut dire ?

L'Armée étant, selon Larousse

l'ensemble des troupes régulières d'un État, l'Honneur de l'Armée au sens propre, au sens littéral du mot, serait l'Honneur de : l'Active, la Territoriale, la Réserve... c'est-à-dire : l'*Honneur des deux millions de citoyens composant les troupes régulières de la France*, par exemple. — Et je m'incline.

Mais chez tous ceux qui prononcent ces mots, partout où je lis « *Honneur de l'Armée* », toujours nous retrouvons, lancinant, obsédant, mensonger l'*Intérêt* d'un homme. Et de suite, donnons des exemples :

Billot poursuit Zola parce qu'il « *attaque l'Honneur de l'Armée* » dans l'immortelle page *J'accuse* (1).

De Freycinet poursuit Gohier pour « *attaques à l'Honneur de l'Armée* » dans le puissant livre « *l'Armée contre la Nation* » (2).

Pour sauver « *l'Honneur de l'Armée* » le colonel Allaire est mis à la retraite etc., etc... (3).

---

(1) Procès Zola, Journaux 1898, etc.
(2) Gazette des Tribunaux 1898.
(3) Armée contre la Nation. — Revue blanche 1898.

Or que savons-nous, que voyons-nous dans ces cas, pris au hasard, entre des milliers d'autres ; ceci :

« Le colonel Allaire n'avait pas voulu souscrire aux fraudes que ses chefs exigeaient de lui (1). (2).

Urbain Gohier avait dit que la caserne est un lieu de débauche et que M. le général le Mouton de Boisdeffre, comme d'ailleurs la plupart de nos grands chefs de la Guerre et de la Marine, étaient les fils des émigrés, des traîtres de Coblentz (3), (1). (4).

Zola enfin accusait du Paty d'avoir commis des faux et Mercier de forfaiture (5). (6).

Or toutes ces accusations ont été confirmées, tout cela, non poursuivi, a été reconnu exact. (3) (6)

Ne devons-nous donc pas, logique-

---

(1) Armée contre la Nation. — Revue Blanche 98.
(2) Dépositions et Plaidoiries. Procès Gohier. Stock 1899.
(3) Gazette des Tribunaux 1898.
(4) Revue blanche 1898.
(5) Procès Zola, Journaux 1898, etc.
(6) Arrêt Cour de Cassation (Chambre criminelle, toutes Chambres réunies).

ment, mathémathiquement, déduire, conclure que pratiquement, communément, gouvernementalement même, l'Honneur de l'Armée, c'est l'honneur des coupables : du Paty de faux, Mercier de forfaiture, Billot de mensonge, etc., etc. Et c'est une basse, la plus basse, une infâme, la plus infâme profanation de cette chose sacrée, l'Honneur d'un Peuple. Et c'est pourquoi l'honneur, — c'est-à-dire, disons le mot, l'*Intérêt* — d'un homme, de plusieurs hommes, si emplumés, si empanachés, si haut placés soient-ils, est vain, est nul, ne peut entrer en ligne de compte. Et nous faisons œuvre juste, bonne, utile en dévoilant quand il s'abrite derrière des mots pompeux et creux, — retentissants peut-être simplement de l'ampleur de leur vide — le crime des chefs.

« Honneur de l'Armée ? » Allons donc. Trêve de mots. Qu'on ait donc le courage de son opinion. L'honneur de l'Armée, c'est l'honneur du Peuple. Et quand on veut sauver un général, un chef au nom de quelque chose, que l'on dise donc carrément *l'honneur des chefs*, *l'honneur des généraux*. Alors on serait logique, et nous serions d'accord.

*

Car enfin ça n'a toujours été que pour sauver de la prison ou du bagne, *des généraux, des chefs,* que nous avon entendu sonner ces mots en prétexte : Honneur de l'Armée. Oui, uniquement, toujours, pour des généraux, des chefs.

Lorsqu'un pauvre diable de soldat de seconde classe a un peu bousculé un caporal, ou haussé les épaules à un adjudant, *jamais, ja-mais* on n'a prétexté « l'honneur de l'Armée, pour ne pas l'envoyer à Biribi ou au poteau. *Bien au contraire,* l'honneur de l'Armée exige, dans ces cas, que l'on punisse, et que l'on punisse inflexiblement, inexorablement le soldat.

Tantôt, l'honneur de l'armée conseillait de ne pas poursuivre le chef, de féliciter le général coupable. Et c'est le même honneur de l'armée !

C'est-à-dire qu'ainsi entendu, honneur de l'armée = honneur de l'injustice ou = injustice de l'armée, au choix...

Eh bien, nous ne comprenons pas, nous, cet honneur de l'armée, nous n'en voulons pas, c'est net.

Et d'ailleurs avec cette spécialisation d'honneurs, nous avions *l'Honneur de l'Armée*, nous avons *l'Honneur de la Magistrature*, demain nous aurons *l'Honneur de la Médecine, du Téléphone, du Sapeur-Pompier* et pourquoi pas, *l'Honneur de l'Épicerie*, et *l'Honneur de la Vidange*. Cela est ausssi parfaitement peu logique.

Comme s'il y avait plusieurs honneurs ! Comme si dans l'Honneur il y avait des gradations, des échelons, et que ce fut au dernier échelon, là-haut, tout là-haut — près du Soleil de Billot — que se trouvât cet Honneur particulier, cet Honneur-type, l'Honneur de l'Armée.

Eh bien ! Non. Il n'y a pas plus d'Honneur de classe, qu'il n'y a de Parole de classe. Et « Honneur de l'Armée » est un non-sens ausssi bien que « Parole de Soldat »..

Et c'est toujours la même chose.
On parlait de l'Honneur de l'Armée,
c'est-à-dire du Peuple, du Soldat,
pour sauver le chef, le général. Quand
on cite ces mots : " Parole de Soldat " c'est encore, c'est toujours pour
l'appliquer, non au soldat, à l'INFÉ-
RIEUR, mais au chef, au supérieur, au
général.

Et c'est encore de la parodie, et
c'est toujours de la fausseté, et c'est
quand même du mensonge.

La PAROLE DE SOLDAT, ce sont les
généraux, TOUJOURS, qui la donnent.

Et pourquoi? dans quelles circons-
tances la donnent-ils? *ces généraux,
cette parole de soldat?* Oh! combien
d'exemples! Voyez :

Le général du Pan, Clémenceau à
la tribune de la Chambre (1) démon-
trait qu'il la donnait au sujet « d'in-
suffisance, d'incapacité, de négli-
gences » telles dans la Direction de
l'artillerie au Ministère, que « pour
ainsi dire de parti-pris, notre artillerie
était inférieure à toutes les artilleries

____

(6) Journal officiel 91-92.

de l'Europe (1)» — Clémenceau, et les journaux de l'époque nous signalaient le suicide du lieutenant-colonel Rocard, dù simplement à ce que « sa parole de soldat » ne pouvait, — en justice militaire — valoir « la parole de soldat » de son chef, le général Du Pan.

Et le général Ladvocat — Directeur de l'artillerie, s'il vous plaît, au ministère de la guerre — Quel bel exemple encore ! C'est au nom de la « Parole de soldat » qu'il osait faire poursuivre Turpin comme traitre, soutenant Triponè, le coupable (2). Et cela aboutit à cette infàmie, le savant et homme vraiment supérieur Turpin condamné avec Triponé, làché au dernier moment, toujours (2) au nom de la « Parole de soldat ».

Mais le général Thoumas et le vice-amiral de Jonquières, accusés à la tribune de la Chambre par Brisson, et publiquement par le Journal l'*Action* (Janvier 1892) ACCUSÉS, AINSI

---

(1) Journal Officiel 91-92.

(2) Ministère et Mélinite (A. Hamar et G. Bachot, Paris 1898) — Journaux 90, 91, 92.

PROUVÉS ADMINISTRATEURS D'UNE SO-
CIÉTÈ ANGLAISE DE FABRICATIONS
D'EXPLOSIFS etc... Etait-ce leur «parole
de soldat » à cette société, qui les
empêchait de poursuivre ?

Et plus près de nous, hier encore,
ne voyons-nous pas le général de
Pellieux affirmer (1) les plus révol-
tants mensonges au sujet d'Esterhazy,
au sujet de Picquart? C'était sa « *Parole de soldat* » *qu'il donnait à Ver-
sailles devant le jury*, COMME LE
GÉNÉRAL DE DIVISION, CHEF D'ÉTAT-
MAJOR GÉNÉRAL DE L'ARMÊE FRAN-
CAISE, LE MOUTON DE BOISDEFFRE,
FILS DE TRAITRES DE COBLENTZ,
VENANT ENCORE APPUYER CETTE « *Parole de Soldat* » *de sa* « *Parolde de
Soldat* » EN AFFIRMANT UN FAUX.
qu'il savait faux. (1) (2).

Et les Gonse, Billot, Zurlinden,
Chanoine — pour ne citer que ceux,
là — c'était aussi leur « parole de
soldat » qu'ils donnaient à la tribune

---

(1) Procès Zola (tome I et II, 1898).
(2) Arrêt Cour de Cassation (Chambre criminelle, toutes Chambres réunies).

de la Chambre — *en déclarations fausses.*

Eh bien, nous n'avons pas de ces paroles, nous ne voulons pas de cet Honneur !

Autorité ; Abus ; Grossièreté
Cruauté Militaires

« Il est un fait d'observation, dit
A. Hamon (1), c'est que tout être dé-
tenteur d'une autorité, partielle ou
non, se trouve entraîné irrésistible-
ment vers l'abus. » Cela est d'observation courante et sinon fatal, quasi
inhérent à la nature humaine. De fait,
l'us et l'abus se touchent trop pour
pouvoir être distingués, dans la caserne, à l'armée, dans un milieu quasi
à l'abri de tout contrôle.

De fait aussi, qu'attendre de gens
qu'on a laissés s'habituer, que l'on a
habitués à se croire non seulement
utiles, nécessaires, indispensables,
mais encore, mais surtout supérieurs
au commun des mortels, supérieurs
aux autres hommes, qui n'ont pas,
comme eux, une casquette à pont

____

(1) A Hamon. Psychologie du militaire professionnel.

sur la tête et un pantalon garance au derrière.

Et c'est notre faute, et c'est la faute à tous, aux femmes principalement.

Dans notre besoin stupide de spécialisation à outrance, de distinction, de différenciation, on a costumé, habillé de façon différente chaque corps d'administration. Les télégraphistes sont habillés de bleu, les douaniers sont en vert ; les soldats sont en rouge... Dans tous les pays, on s'est attaché, ils se sont attachés, à se rendre plus beaux, plus "aiguilletés" plus "empanachés", plus "corsetés", plus "bottés", plus voyants de toutes façons, que leurs collègues de "l'octroi" ou des "forêts".

Et les mères les ont davantage montrés aux enfants, les jeunes filles ont davantage regardé, rougi et baissé les yeux.

Ils s'en sont infatués plus encore. Leur prétention, leur morgue, leur "pose", pour tout dire d'un mot, s'en est accrue. Le mal vient de nous.

Ils n'avaient Fleurus, ni Wagram en auréole de gloire qui les fit admirer nos guerriers d'aujourd'hui. Ils voulaient faire oublier Metz et Sedan. Ils sont très fiers maintenant d'un ''effet de pantalon'' ou d'une ''touche de dolman''. On les admire autant ; c'est tout ce qu'ils demandent...

Je m'en voudrais de ne pas citer ces quelques vers de François Coppée — le Coppée de 1874 :

> Vous portez, mon bel officier,
> Avec une grâce parfaite,
> Votre sabre à garde d'acier ;
> Mais je songe à notre défaite.
>
> Cette pelisse de drap fin
> Dessine à ravir votre taille ;
> Vous êtes charmant, mais enfin
> Nous avons perdu la bataille.
>
> On lit votre intrépidité
> Dans vos yeux noirs aux sourcils minces.
> Aucun mal d'être bien ganté !
> Mais on nous a pris deux provinces...

*
* *

La ''pose'' militaire nous importerait peu si son corollaire immédiat n'était la haine des autres et le dédain de l'inférieur. Oui, la haine du ''pékin'', le dédain du soldat, sont les caractéristiques essentielles du militaire, j'entends du professionnel.

Dans l'antiquité, les guerriers avaient chacun un ou plusieurs esclaves qui portaient leurs armes lorsqu'ils ne combattaient pas.

Au Moyen-Age, les chevaliers avaient leurs serviteurs, leurs serfs, qui remplissaient les mêmes offices. Ce sont les nobles seuls qui combattent.

On conçoit, dans une certaine mesure, la sorte de supériorité sociale dont ces guerriers étaient entourés. Cette supériorité rejaillissait fatalement sur la profession "militaire", chose intangible en soi ; aussi sur le costume "militaire", dont nous parlions tantôt, chose tangible, caractéristique, quasi en somme de cette supériorité sociale.

Maintenant qu'il n'y a pas ou plus de guerres, cette supériorité ne se conçoit plus. D'autant mieux qu'en cas de guerre, tout le monde est soldat, et le non-soldat d'hier se confond avec le professionnel. Nous ne payons plus, nous n'entretenons plus, nous ne servons plus des gens pour nous défendre, comme autrefois. Nous

nous défendons nous-mêmes, en cas de danger. Nous entretenons simplement des éducateurs, des instructeurs dans le maniement de telle ou telle arme, comme nous payons des instituteurs, etc.

*

Et sans vouloir ici discuter sur l'opportunité de cette défense ou la réalité de ce danger, persuadé d'ailleurs que les guerres fatalement disparaissent de l'Histoire de l'Humanité, danger pour les possesseurs seulement, défense — comble d'ironie ! — de ces possesseurs par les non-possesseurs, qui fatalement aussi, et justement, sauront bientôt se ressaisir et ne plus rien admettre de tout cela, au nom de la Fraternité humaine, dans la vraie Liberté et la pleine Harmonie des Peuples qui point à l'horizon.

*

Il ne faut cependant pas moins reconnaitre qu'il y a encore trop souvent dans l'esprit de beaucoup de personnes, un reste de croyance en cette supériorité du militaire. Il faut reconnaître surtout que loin de diminuer, à mesure que diminuait son rôle, l'infatuation du militaire s'est quasiment accrue.

Nous venons de voir pourquoi le militaire hait le civil, le « pékin », qui cependant le nourrit, le fait vivre. On en constate pour ainsi dire l'application, les résultats, trop souvent. Et partout. En 1893, (1) (2) en Italie, « à Bologne, à Montelcone, à Aquila, pour des motifs les plus futiles, les officiers assaillent, à mains armées, de pacifiques citadins. »

« A Vérone, quatre officiers (3) de cavalerie veulent embrasser de force, en pleine rue, une institutrice, Mlle Azenti. »

En France, ce sont surtout sur les journalistes, ces " *sales pékins* ", qui dévoilent les turpitudes et les brutalités de casernes. — que se font la main les officiers. C'est aussi sur des noces qu'ils se ruent. J'en vois un fait

---

(1) A. Hamon, Psychologie du militaire professionnel.

(2) Sécolo. Milan, 11 août 1893.

(3) Parti Socialiste. 26 août 1893.

cité en avril 1891 à Cherbourg où, « dans la nuit du 12 au 13 avril, plusieurs officiers d'infanterie de marine font du scandale dans les rues, cassent des carreaux, brisent des horloges publiques et enfin pénètrent de force dans une maison pour assister à une noce. Comme on les prie poliment de se retirer, ils bousculent et frappent plusieurs personnes ; l'une d'elles fut blessée grièvement. Aucune poursuite judiciaire. (1). »

L'an dernier, le souvenir en doit encore être resté aux lecteurs, de *brav's* officiers se sont aussi précipités sur une noce blessant grièvement la mariée et trois hommes.

A Toulon, à Brest, quasi chaque mois, dans les maisons publiques des rixes éclatent entre les civils et les officiers, qui se veulent maitres... partout. Dans les « quartiers réservés », pour des filles publiques, des rixes sanglantes éclatent à tout instant. Et lorsque mort du « pékin » s'ensuit, l'assassin militaire est condamné à

---

(1) Hamon, France Sociale et Politique, 1891.

peine à un peu de prison. Ainsi ce jugement du Conseil de guerre condamnant « seulement à deux mois de prison un artilleur qui a tué, à Lunéville, un ouvrier corroyeur au sujet d'une fille publique. » (1).

La haine du « pékin » encore :

« Au mois de septembre 1897, à Nantes, écrit Gohier (Armée contre la Nation), un capitaine du 65e de ligne faisait empoigner et conduire au poste un citoyen qui regardait de trop près manœuvrer quelques fantassins. Au mois de novembre, un commandant de chasseurs à pied, à Lyon, assisté de plusieurs subalternes, attaquait et bâtonnait dans la rue un citoyen qui avait critiqué la tenue de son bataillon... »

Et tout dernièrement qui ne se souvient des hauts faits de ces officiers qui à Besançon, je crois, rossaient à coups de plat de sabre de paisibles commerçants et tiraient des coups de revolver dans les fené-

---

(1) Hamon. France Sociale et Politique. 1891.

tres... Vingt volumes d'ailleurs ne suffiraient pas à tout raconter. (1).

Au surplus, nous venons de les voir foncer sur le civil, à Toulouse, à Avignon, à Grenoble.

Ces faits — ces hauts faits, ces exploits — se renouvellent souvent, car ils ne sont pas réprimés, ou à peine. « Si la justice intervient, dit Hamon, elle est tout à fait paternelle, car, ainsi que M. Assaud, procureur de la République l'a dit dans un réquisitoire, « il existe des usages sé- « culaires de haute courtoisie et de « déférence réciproque entre l'Armée « et la Magistrature. » (2) Et c'est quasi libre cours donné à la haine glorieuse du pékin.

Aussi devine-t-on aisément avec quelle joie ces professionnels accueillent les réservistes, ces pékins-soldats sur lesquels on va pouvoir *"cogner dur"* en toute sécurité. Un

---

(1) Dans son étude si documentée Hamon renvoye sur ce sujet aux sources exactes, livres, revues ou journaux.
(2) Mat-Gioi. Un point d'Histoire Coloniale. p. 15. Paris 1892 Savine, éditeur.

sous-lieutenant va nous donner la note de l'accueil ; voici :

« *Tas de cochons de pères de famille ! Pleins de soupe et de merde ! Attendez, je vais vous faire esquinter !* (1) »

Les réservistes d'ailleurs sont des *"réservoirs"*, des *"pompiers"*... Je n'insiste pas c'est bien connu.

* *

Le dédain de l'inférieur est encore plus aisé à constater, facile aussi à expliquer. N'entend-on pas trop souvent parmi les officiers. « Ce qu'il nous faudrait, c'est une bonne guerre ; il y aurait certainement des morts, mais il y a des risques partout, cela ferait de la place pour ceux qui resteraient ; les survivants pourraient, au moins, compter sur de l'avancement. » (2). Ils souhaitent la guerre, la Violence ; ils ne travaillent que pour la Violence. Faut-il s'étonner de leurs violences ?

Le soldat n'est rien, le troupier ne

---

(1) Action, 16 février 1892. Lyon (A. Hamon).
(2) J. Grave. La grande famille. Stock 96.

compte pas, pour eux, en tant qu'homme, s'entend. *Ce n'est qu'un instrument*, et quel instrument! Celui qui
coûte le moins, *qui ne coûte rien,
fait pour servir*, dont ils peuvent
user et abuser le plus complètement
du monde. Au surplus, un instrument
commode, travaillant presque seul,
pour le plus grand profit et la plus
grande gloire des chefs. «LE SOLDAT
N'EST-IL PAS LA MATIÈRE PREMIÈRE DE
LA GLOIRE! » (1)

A ce titre il faudrait le soigner un
peu. Mais, nous l'avons dit, le soldat
ne coûte rien; chaque année, en
France seulement près de 200.000
jeunes gens, de gaieté de cœur (?) vien-
nent s'offrir, alors... Alors n'est-ce pas
lorsqu'un cavalier, par exemple, tombe
avec son cheval, il est tout naturel
que tous s'occupent du cheval, laissant
l'homme se dépêtrer seul, même s'il
a un membre cassé; « *Imbécile!
est ce que vous coûtez mille francs,
vous?* » (1)

Et toujours, à tout propos et hors

---

(8) E. Gaboriau. Le 13me hussards. Dentu 76.

de propos, invariablement, c'est par l'injure, avec des grossièretés et des insultes que l'on commande, que l'on instruit les "hommes". Ai-je besoin de m'étendre là-dessus? tous ceux qui ont été dans une caserne ou ont simplement passé à côté connaissent les aménités habituelles des chefs : Regardez donc *bougre de couènne !* — Écoutez *tourtes !* — Vous serez puni, *bougre de cochon* !

« Le colonel Lenormand traitait
« ainsi ses hommes : tas de brutes!
« tas de rosses ! tas de chameaux!
« Foutez-moi ce cochon là en prison !
« Bougres de rosses! » Le comman-
« dant d'Hombres était encore plus
« grossier (1) »

Et ces grossièretés prises au hasard dans un livre très documenté de A. Lantoine. « *Regardez ce qu'il est gras, ce saligaud-là ! Il y a longtemps qu'il n'a couché à la salle de police. Vous l'y ferez coucher ce soir, n'est-a pas ? Il est trop gras (?)* »

---

(1) Capitaine Nercy, dans le Peuple de Lyon, 7 août 1892 (A. Hamon).

Ici nous avons un exemple du raisonnement militaire, de la raison, du prétexte militaire à punir. *Il est trop gras. Ça suffit, puisque cela plaît à un chef, si peu gradé soit-il, mais un chef.* Et il y a des quantités d'autres raisons de punition aussi logiques que celles-là. Imaginez tout ce qu'il peut y avoir de baroque et d'inconcevable, d'inouï et de ridicule, de stupide et d'épouvantable ; vous serez à peine dans la note.

D'ailleurs il n'est pas besoin de raisons à la rigueur. Et sans raconter l'histoire de ce soldat qui ayant son veston en réparation fut puni d'une quantité incroyable de jours de salle de police, par les uns pour être en capote, par les autres pour être en bourgeron, par d'autres encore pour être en bras de chemises : — il y a comme cela un tas de cas authentiques qu'il est superflu de citer. Je veux simplement en rester, pour l'instant au domaine de la grossièreté.

Tous les qualificatifs et tout le vocabulaire animal sont quasiment de rigueur, entrés dans les habitudes.

dans les mœurs. *Ane ! Cochon !
Bourrique ! Chameau !* sont le moins
qu'on puisse dire. Si l'on vous appelle
simplement : *Tourte*, prenez-vous
pour honoré. Les vocables culinaires
sont en effet très employés. *Corni-
chons ! Poires ! Navets !* sont tout à
fait anodins. L'on ne se fait faute d'en
user. Je n'insiste pas. Tous les lecteurs sont aussi documentés que nous
là dessus.

*

La grossièreté conduit infailliblement à la cruauté. Il est naturel de
faire « *travailler comme un âne* »
quelqu'un que l'on appelle sans cesse
« *bourrique* ». Et à coté de ces immenses périodes d'absolue paresse
que nous offre la caserne, nous voyons
brusquement, par à coups, des travaux faits ou prolongés énormément
et inutilement, de gaité de cœur,
comme ça.

A l'exercice, ce sont les positions
les plus bizarres ou les plus fatigantes
sur lesquelles on insiste, que l'on
prolonge, trop souvent à plaisir. Ne
cite-t-on pas à chaque instant quel-

ques-uns de ces faits ? C'est tantôt les divers temps de l'escrime à la baïonnette par exemple, singulièrement décomposés, et les "hommes" maintenus jusqu'à 10 minutes dans chacune des diverses positions ; et dix minutes, ou plus même, des hommes sont forcés à se tenir les jambes écartées et pliées, le corps en avant, les bras levés, le fusil tenu d'une seule main, parallèle au sol.

A tels autres soldats on fait viser à cinq pas un mur blanc réverbérant en plein le soleil dans les yeux ; quelquefois c'est le soleil lui-même, bien en face, qui est visé. Et l'on maintient cette position.

A Aix, dernièrement, tel officier ne faisait-il pas prendre à ses "hommes" la position du tireur couché, sous la pluie, en plein dans la boue ?

Mais c'est surtout sur les "hommes punis" que l'on s'acharne. Ici tout est bon ; le mur surchauffé de soleil joue un plus grand rôle ; les positions les plus bizarrement compliquées sont les plus cruellement prolongées. Que le temps soit beau ou mauvais, on trouvera toujours moyen de s'en servir pour la cruauté; s'il fait chaud, veste de drap, s'il fait froid, pantalon de coutil ; s'il y a du soleil, il est délicieux dans les yeux ; s'il y a du vent ce sera la poussière; et c'est un rêve quand il pleut ou quand il neige.

Ce n'est pas hélas ! de l'invention ; nous n'augmentons nullement ; mais notons à peine, et à coup sûr incomplètement.

*

* *

Le dédain de l'inférieur, du soldat, l'absence totale de commisération, le mépris de leur vie, de leurs douleurs, de leurs souffrances sont tant et si bien entrés dans les mœurs, dans les doctrines, faut-il presque dire, militaires, que ce n'est pas seulement au soldat sain, valide, pouvant en somme supporter excès de travaux, excès de fatigues, que vont les grossièretés, les sévices des chefs. Les malades — et c'est infâme ! — sont aussi sous le coup de cette cruauté inhérente et qui devient à la longue quasi inconsciente.

Il nous faut citer en entier cette page de Hamon :

« M. Bezy, conseiller général, directeur du *Petit Fanal*, à Oran, contait en novembre 1890 les faits suivants :

« Le médecin-major Cazalas refuse de reconnaître malade un jeune homme qui faisait son volontariat. Ce malheureux atteint d'un commencement d'ataxie locomotrice, dut quitter la manœuvre ; son capitaine le conduisit à la visite. M. Cazalas le garde à l'infirmerie et, *sans l'examiner*, sans s'occuper des symptômes de l'affection, le soumet à l'action d'un courant électrique violent jusqu'à ce que le pauvre diable demande grâce ; cette séance d'électricité fut plusieurs fois recommencée. M. Cazalas, qui avait mis le malade à la diète, d'où un affaiblissement considérable, ordonna un jour audit soldat de traîner des brouettes remplies de terre. Comme celui-ci ne le pouvait, il lui donna un coup de pied dans les reins. L'artilleur, grâce à son capitaine, put sortir de l'infirmerie et se fit soigner en ville ; deux mois après il était rétabli... Le courant électrique est employé par le médecin Cazalas comme punition. A un zouave qui avait uriné au lit, à un autre qui « *ne voulait pas se guérir,* » etc., il infligea des séances d'un quart d'heure. Un jour, un zouave atteint d'ophtalmie se présente à la visite. M. Cazalas ne le reconnait pas malade et comme le soldat observe : « Mais j'ai un œil presque perdu ! » il lui riposte : « Quand tu les auras perdus tous les deux, je t'achèterai un petit chien pour te conduire. » Le zouave a perdu un œil et a été réformé sans pension, etc.

« Le 8 mars à Langres, le 13 avril 1891 à Paris, des fantassins meurent faute de soins, les médecins-majors n'avaient pas voulu les reconnaitre malades. (1)

« Pendant les manœuvres de 1891, un médecin-major frappait à coups de canne les soldats tombant d'insolation. (2) »

---

(1) Hamon. L. C., année 1891, p. 173.
(2) Hamon. L. C., année 1891, p. 530.

Il en est quasi partout et toujours de même.

A Marseille on se souvient encore de la mort du hussard Agostini, il y a trois ans à peine, survenue « à la suite d'une indigestion de haricots, dit le général (docteur en médecine aussi, s'il vous plaît) Canonge », « mort de pneumonie à la suite d'une douche glacée dans le courant d'air d'un corridor, alors qu'il était déjà malade », dirent plusieurs journaux (*Petit Provençal*, *Radical*, *Avenir Social*), de l'époque, sans être poursuivis.

Et hier encore, ce pauvre soldat cardiaque, non reconnu, mort en prison après une course prolongée au pas gymnastique, etc., etc.

Hamon conclut très judicieusement:

« Avec des faits analogues, on remplirait des volumes si on interrogeait tous ceux qui ont passé sous les drapeaux. *Il n'en est pas un*, on peut l'affirmer sans crainte d'un démenti, qui n'ait pas, au cours de son service, ou été victime d'agissements semblables ou vu commettre de tels actes *quel que soit le pays où il vive.*

« Ces faits-types sont criminels car ils sont bien une atteinte à la liberté individuelle. Ils sont réprouvables, car, outre leur nuisance à l'individu, ils sont absolument inutiles à la collectivité. Comme ombre de justification, on ne peut présenter la discipline, car les agissements de tous ces professionnels, bien loin de la maintenir, engendrent des révoltes plus ou moins apparentes contre une organisation sociale qui autorise la perpétration de tels crimes. L'antimilitarisme, qui se révèle en croissance permanente chez tous les peuples, qui se manifeste par un accroissement des délits militaires par des chroniques dans les journaux, par des romans, peinture exacte des milieux soldatesques, etc., est une preuve irréfragable de la réaction générale qui se produit contre *le milieu générateur de ces agissements criminels.* »

Nous nous en voudrions de gâter par quelques commentaires ces justes mots.

Brutalité Militaire

« Les mauvais traitements dont on
« accable nos soldats sont un mar-
« tyre raffiné, une preuve d'une *bru-*
« *talité* et d'une *sauvagerie* qu'on ne
« croirait pouvoir exister chez des
« sous-officiers... On a pu constater
« que les mauvais traitements n'étaient
« plus même une punition mais une
« habitude et que des recrues ont
« été dressées à recevoir 50 coups de
« bâton par semaine. »

C'est là un extrait (1) d'un rapport
du duc Georges de Saxe qui fit assez
de bruit en son temps, à cause de
tous les faits et considérants qui l'ac-
compagnaient...

★

« A la sinistre clarté de l'incendie
« on voit les femmes tendre vers
« l'aviso, leurs bras carbonisés, im-

---

(1) *Le Matin.* février 1892.

« plorant la pitié pour leurs maigres
« enfants...

« Un indigène a la mâchoire brisée,
« la langue arrachée.... la lame d'un
« coutelas a perforé la tempe droite.
« Rien à faire avec ce malheureux.
« Le médecin passe. Tout à coup,
« derrière lui, s'élèvent d horribles
« gémissements que couvrent des
« rires et des cris de joye. Horreur!
« Ce sont les hommes de Dinah en
« train de torturer le blessé dont le
« docteur vient de désespérer. Après
« lui avoir crevé les yeux, ils l'ont
« couché sur le ventre, et s'amusent
« à dessiner sur son dos, à la pointe
» du sabre, les plus bizarres arabes-
« ques...

« Dans Katinou, au milieu des
« vaincus. — Là, j'assiste au plus
« horrible spectacle qui se soit jamais
« réflété en des prunelles *de civilisé* !
« Il ne reste plus sur les décombres
« que des *troupes auxiliaires*... L'un
« d'eux, ricanant, ÉVENTRE UNE FEMME
« MOURANTE ET S'AMUSE A LUI CASSER
« LES DENTS SOUS LES TALONS... Celui-
« ci entortille de sanglants intestins

« sur le canon de son fusil, et son
« voisin *s'acharne à scier*, avec la
« lame ébréchée de son sabre, *les*
« *seins d'une vieille dont la maigre*
« *carcasse palpite*... Je vois une fil-
« lette de six à sept ans dont le corps
« a été tranché en deux parties égales,
« à côté des tronçons, *un enfantelet*
« *est couché, le crâne aplati comme*
« *un fromage*...

C'est M. Paul Vigné d'Octon, ancien
médecin-major de la marine, qui a
assisté à ces faits et les raconte, par-
tiellement, dans son livre (1). Voici
ce qu'ajoute M. Albert Clémenceau
dans sa plaidoirie du procès Gohier,
auquel ce passage est emprunté (2) :

« *Et les soldats de l'infanterie de
marine assistent impassibles*, PAR
ORDRE, *à de tels spectacles !* »

Mais ce n'est rien encore ; repor-
tons-nous au moment où les officiers
français discutent sur l'aviso pour

---

(1) Vigné d'Octon. *Journal d'un Marin*. Flam-
marion, éditeur.

(2) *L'acquittement d'Urbain Gohier*. Stock,
éditeur.

savoir quel sera l'allié et quel sera le peuple massacré.

Car voici l'histoire — et c'est le rapport de M. d'Octon lui-même : « Le gouvernement a envoyé là-bas « deux avisos pour châtier, *l'un ou* « *l'autre*, de deux roitelets « qui ont « également participé à des désordres : « l'un et l'autre ont sur la conscience « le pillage de quelques pirogues et « la mort de plusieurs piroguiers.

« Pour lequel des deux roitelets « prendra-t-on fait et cause ? Depuis « plusieurs jours on discute sans pou- « voir tomber d'accord... Pour qui « les obus des canons de campagne, « la mitraille des Hotschkis, et les « balles de nos fusils Gras? La ques- « tion est délicate et depuis l'arrivée « du *Héron* (l'un des avisos) menace « de s'éterniser. »

Et M. Vigné d'Octon ajoute : « Bo- « kary et Yourah ont, parmi les offi- « ciers, leurs adversaires et leurs par- « tisans. Aujourd'hui, c'est Katinou « qui mérite la mitraillade, et demain « le bombardement de Sogouboly « s'impose. Parfois, une voix timide

« s'élève proposant des moyens paci-
« fiques, faisant valoir l'apparente tran-
« quillité du pays, soutenant que les
« crimes commis ne sont pas en rap-
« port avec la vengeance qu'on se
« propose d'en tirer. *On ne l'écoute*
« *guère et même on crie sus au gêneur:*
« ET LES GALONS ? ET LES CROIX ? ET
« LES MISES A L'ORDRE DU JOUR ? AVEC
« ÇA QU'ON S'AMUSE DU RESTE, EN CE
« SACRÉ PAYS... »

*

Eh bien ! je le demande, y a-t-il
quelque chose de plus infâme que
cela ? Quoi de plus brutal, dans la
brutalité ?

Par la persuasion, par l'exemple,
par la bonté, œuvre durable et saine
pourrait être faite, sûrement. Mais
allons donc ; l'officier au cœur pas
encore assez perverti de brutalité, qui
ose soutenir pareille thèse est quali-
fié de « *gêneur* ».

« Mises à l'ordre du jour », « galons », « croix », ne s'achètent qu'à
coups de mitraille, avec de la brutalité ! Quel triste aveu ! Quelle cyni-

que affirmation ! Quelle outrageante vérité !

Et quelles mentalités effroyablement, épouvantablement perverties toujours, et j'insiste, perverties de brutalité, celles de ces officiers qui bombardent et massacrent, et assisteront tantôt « impassibles » aux horreurs citées plus haut, tout cela par gaieté, en plaisir, « *pour s'amuser !* » POUR S'AMUSER !!!

Qui sacrifiera-t-on, qui tuera-t-on ? Peu importe, au petit bonheur : on va jouer à pile ou face... Il faut *s'amuser* que diable... Et c'est la plus basse, la plus ignoble brutalité qui va se déchaîner, au nom de la civilisation, sur ces êtres sans défense, sur ces femmes, sur ces vieillards, sur ces enfantelets dont on plaquera la tête en horribles « petits fromages » d'os et de cervelle !!!

Et c'est le délire de la brutalité militaire.

Est-ce un cas particulier de brutalité ? L'exception ? Loin de là. M.

Guillaumet écrit (1) : « Le rapt, le
« viol, le meurtre, ont été jusqu'à ce
« jour les principaux agents de notre
« expansion ». Toute la gamme de la
brutalité, quoi. Et il ajoute : « Une
« fois de plus, l'incendie et le pillage
« ont anéanti une ville entière, les
« hommes tués par centaines, le reste
« distribué aux tirailleurs et dispersé
« aux quatre coins de la brousse, au
« hasard des marchés d'esclaves. »
N'est-ce-pas encore la brutalité, sou-
veraine maîtresse.

N'est-ce pas toujours la brutalité
inhérente au militaire qui fait écrire
à ce sous-officier de tirailleurs séné-
galais de la mission Marchand : « La
« nuit on surveillait tout ce monde-là
« *(les porteurs pris de force)* ; mais
« ils s'enfuyaient tous à la fois, et il.
« ÉTAIT DIFFICILE DE TUER TOUT LE
« MONDE. »

C'est un regret vraiment militaire
que ne pouvoir tuer tout le monde.
Quel triste aveu ! Quel brutal cynisme !

---

(1) *Armée contre la Nation*. Edit. Revue Blanche.

ou quelle cynique brutalité ! C'est la brutalité pour la brutalité.

Et c'est de tradition. Le colonel Combes (1) écrivait en 1836 : « Nous « pûmes, au moyen de nos braves « alliés, INCENDIER dans notre route et « dans un grand rayon, TOUT CE QUI « ÉTAIT BRULABLE. » Et le commandant Lioux en 1842 : « Pendant ce tra- « jet, comme durant les jours qui « s'étaient écoulés depuis notre dé- « part, *on détruisit beaucoup de* « *pauvres villages et de riches et* « *abondantes moissons.* »

*

Mais est-ce seulement en guerre, en campagne, sous le soleil de feu d'Afrique que ces atroces brutalités sont commises ? Hélas non. En pleine paix, en pleine caserne la Brutalité règne toujours en maitresse. Et c'es en France, et c'est partout dans l'Eu rope infectée de militarisme.

En Allemagne, tel capitaine fait frapper les recrues à l'aide de joncs,

---

(1) *Armée contre la Nation.* Edit. Revue Blanche.

par les anciens. Et le chancelier,
général de Caprivi, déclare simplement « *qu'on devient* (1) *aujourd'hui*
« *d'une* SENSIBILITÉ *exagérée*, que
« jadis on maltraitait les soldats
« d'une façon dont on n'a plus idée
« maintenant. »

En France, en plein Paris, ne se
souvient-on pas de ce sous-lieutenant
(1), (2) qui fit manœuvrer les sous-
officiers réservistes, pendant 35 minutes, au pas gymnastique, sac au
dos.

Un autre, « pendant une manœuvre
« (1) poussait les soldats l'épée nue
« dans les reins. Il blessa l'un d'eux
« à la nuque et trois autres eurent
« leur sac traversé par l'épée. . . Un
« lieutenant de la même compagnie
« donna un coup de pied à un homme
« parce qu'il ne se plaçait pas assez
« vite. »

Et ce que nous raconte le capitaine
Miller (3). « Un général de brigade

---

(1) *Psychologie du Militaire Professionnel*. A.
Hamon. Édition de la *Revue Socialiste*.
(2) « Lanterne », septembre 1890.
(3) Edmond Miller, capitaine en retraite. Aux

« *roue de coups* un soldat qui lui
« avait fait une réponse insuffisante
« au sujet du service. Il le fait ensuite
« mettre en prison .... Un lieu-
« tenant-colonel du génie descendit
« un jour de cheval pour *crava-*
« *cher à la figure* une sentinelle
« qui ne lui avait pas présenté les
« armes d'une manière parfaite... Un
« chef d'escadron frappait les hommes
« à coups de sabre, à coups de poings,
« accompagnés d'injures les plus
« basses... Un officier, mécontent
« de la maladresse d'une recrue, pour
« lui donner une leçon l'oblige à tenir
« sa main droite plongée pendant
« quelques minutes dans une cuvette
« remplie d'eau bouillante. L'homme
« fut estropié (1). »

L'on ne saurait assez répéter, ré-
pandre, publier et republier tous les
faits de ce genre. Car le mal est te-
nace, le mal est général, le mal s'ac-

---

princes confédérés, à tout le peuple allemand,
un cri de détresse des soldats allemands, enfants
de l'Allemagne.

(1) *Psychologie du Militaire Professionnel.* A.
Hamon. Édition de la *Revue Socialiste.*

centue toujours et sans cesse au lieu de s'atténuer et de disparaître.

*

La Brutalité, mais à chaque instant et partout on la retrouve. Lisez — c'est de l'Histoire — c'est d'hier à peine, et les *héros* en sont vivants encore, *augmentés de grades, ministre de la guerre même*; lisez *l'Histoire de la Commune de Lissagaray*, ou du même *Les huit journées de Mai*, petit livre de 330 pages, publié l'année même de la sanglante secousse, à Bruxelles, livre *excessivement rare* aujourd'hui, mine inépuisable de faits authentiques et vécus, de documents probants, indiscutables, de toutes sortes.

Dans un très intéressant et très anodin petit volume de Pierre de Lano, vécu, nous lisons : « le capi- « taine Ceret de la Noze qui faisait « battre, à coups de baguette de fusil, « les communalistes parisiens, après « les avoir, préalablement, dépouillés « de leurs vêtements et les avoir at- « tachés à un poteau. » Et toutes les cruautés, tous les supplices, toutes les horreurs que subirent ces malheureux prisonniers! Rien ne les excuse, rien ne peut les excuser. Une fusillade de suite après la bataille‘ sans l'admettre, pourrait se concevoir, dans l'emballement et la fureur de la lutte. Mais les lentes et cruelles brutalités dont on accable froidement, longtemps après, mûrement réfléchies, les vaincus —c'es tbien là que s'affirme cette Brutalité dans le cœur, dans l'esprit, dans la mentalité du militaire.

Froidement, mais brutalement, le sourire presque aux lèvres, mais la main crispée sur l'épée, voyez Gallifet brusquement faire arrêter les tranquilles promeneurs (hommes, femmes, vieillards, enfants) d'un boulevard. Puis, dans le tas il choisit.

Les vieillards d'abord, et parmi eux, les premiers, les têtes les plus blanches. « ILS SONT VIEUX, ILS ONT DONC VU 48. » Un feu de salve, un nuage de fumée, une mare de sang.

Maintenant, aux enfants. « ILS SONT

Jeunes, ils pourraient se souvenir. »

Nouveau feu de salve, nonvelle fumée, la mare s'étend.

« Mais les femmes pourraient pondre d'autres crapules. » Troisième salve....

On emmène le reste.

Tel fut le sort de trente à cinquante mille personnes ; jamais on ne pourra savoir le chiffre exact.

Et les autres faisaient comme de Gallifet, les de Cissey, Garcin, Aubry, Maudhub, Mareau, Coussiol, Crépatte, Fret, Frapo, Céret de la Noze et pour ne citer que parmi les officiers d'état-major, de Coatpond, Davoust d'Auerstedt, Grévy, Mercier, O'Brien, de Sesmaisons, Thomas, Vasseur, aujourd'hui tous généraux ou inspecteurs d'armée...

« Un convoi de prisonniers (1) at-
« tachés dix par dix passait rue
« d'Amsterdam. Une fantaisie tra-
« versa la tête de l'officier : il com-

______

(1) Les huit journées de mai par Lissagaray. Bruxelles 1871.

« manda une halte et ordonna à ces
« malheureux de se mettre à genoux.
« Pendant ce temps, une tourbe in-
« fâme les couvrait d'injures et criait:
« Fusillez-les ! » Le moindre signe
« d'opposition de la part des prison-
« niers entrainait la peine de mort
« immédiate ; ils étaient abattus sur
« le chemin, surtout à coups de re-
« volver. Près du parc Monceaux, on
« expédia ainsi un couple, mari et
« femme. La femme refusait de mar-
« cher, demandant qu'on la fusilla sur
« le champ. *On lui tira* VINGT *coups*
« *de revolver, mais elle ne tomba*
» *morte qu'à la seconde décharge.* »
Et plus loin : « Un avocat distingué a
« vu avec dégoût un officier tirer son
« sabre contre une femme qui tâchait
« de sortir des rangs, *lui faire une*
« *large blessure au visage et lui en*
« *lever du même coup une portion de*
« *l'épaule* (1). »

Il reste encore de ces officiers en
assez grand nombre dans l'armée. Ils

---

(1) Les huit journées de mai par Lissagaray,
Bruxelles 1871.

ont les plus haut grades maintenant ; voilà tout. C'est d'ailleurs logique.

*

Mais les autres, depuis ? Quelle mentalité ont-ils ? Quelles brutalités ? — Il en est toujours de même.

A chaque instant, il y a encore un mois à peine, à Alger, n'a-t-on pas acquitté un sergent qui avait brutalisé avec la dernière violence, blessé même deux soldats.

Et le lieutenant Dianloux qui dernièrement donnait un brutal coup de sabre à un soldat pour le faire marcher. Acquitté, même pas poursuivi, je crois.

Et ce lieutenant qui faisait lever un homme, la nuit, simulant une condamnation à mort, et, contre un mur, faisait tirer à blanc sur la triste victime... Et tous ceux qui écrasent les orteils de pauvres recrues, sous les coups de crosse.

Et tous ceux... mais tous ces faits ne sont-ils pas assez typiques ? et personne d'ailleurs aujourd'hui n'est sans avoir connaissance de tant et tant de faits analogues.

La conclusion est trop nette de ces mentalités militaires : Brutalité, Brutalité et Brutalité.

*

L'élève de M. Bergeret nous dit si justement : « C'est la joie innée de « tirer des coups de fusil. Vous savez, « mon cher maitre, que je ne suis pas « un animal destructeur. Je n'ai pas « de goût pour le militarisme. J'ai « même des idées humanitaires très « avancées et je crois que la fraternité « des peuples sera l'œuvre du socia- « lisme triomphant. Enfin j'ai l'amour « de l'humanité. Mais dès qu'on me « fiche un fusil dans les mains, j'ai « envie de tirer sur tout le monde. « C'est dans le sang. . .

« Vous n'ignorez pas, cher maitre, « la force de la suggestion. Il suffit « de donner à un homme une baïon- « nette au bout d'un fusil pour qu'il « l'enfonce dans le ventre du premier « venu et devienne, comme vous « dites, *un héros*. »

Eh oui, c'est la brute sommeillant dans l'homme, que réveille, excite et glorifie le militarisme.

Et comment en serait-il autrement ?

« Au sortir d'un sermon où le pré-
« dicateur leur conseille d'observer
« ce commandement de leur Dieu :
« *Tu ne tueras point*, ils se rendent
« volontiers à quelque conférence où
« l'on commente les vertus mirifiques
« d'un obus capable de mettre en
« charpie une centaine d'hommes
« d'un seul coup. Et ils applaudissent
« le conférencier. — Maints prêtres
« les encouragent dans ces senti-
« ments. Nous avons tous présentes
« à la mémoire ces paroles du domi-
« nicain Didon s'écriant à une distri-
« bution de prix : «LORSQUE LA PER-
« SUASION A ÉCHOUÉ, IL FAUT S'ARMER
« DE LA FORCE CŒRCITIVE, BRANDIR LE
« GLAIVE, TERRORISER, COUPER LES
« TÊTES, SÉVIR ET FRAPPER. . . »

Avec une grande justesse, Adolphe

Retté ajoute dans ses belles Arabesques (1) :

« Dans l'auditoire, il y avait, peut-
« être des enfants qui se souvinrent
« que le fondateur de leur religion
« a dit : « *Si l'on te frappe sur la*
« *joue droite, tends encore la joue*
« *gauche.*» Toutefois, soyons assurés,
« que ces enseignements contradic-
« toires ne les troublent pas dans
« l'existence et qu'il s'en trouvera
« même, parmi eux, *pour suivre la*
« *carrière des armes.*

« *Ainsi, les nations, quels que soient*
« *leurs éducateurs, quel que soit le*
« *joug qui les opprime,* N'ENTENDENT
« PRÊCHER OFFICIELLEMENT QUE LA
« VIOLENCE ET LA DESTRUCTION. *Ceux*
« *qui parlent de fraternité, d'union*
« *entre les peuples, sont persécutés,*
« *hués, calomniés par les juges, et*
« *— ironie suprême ! — traités par-*
« *fois de* BUVEURS DE SANG. »

Ils oublient « la force cœrcitive »,
« le glaive », « la terreur », « les

---

(1) Adolphe Retté. — Arabesques. Biblio-
thèque artistique de « la Plume ». 1898.

tètes coupées», du moine Didon invo-
quant la force brutale, cette Brutalité
militaire, que nous avons étalée en
plein jour, farouche, sanglante, horrible, féroce, infàme, que nous com-
battrons toujours, reste atavique de
l'hôte préhistorique des cavernes,
dont nous ne voulons plus.

La Caserne

La Caserne est une invention hideuse des temps modernes, dit Anatole France (Le Lys rouge).

Pour Gohier « La Caserne les (soldats) a reçus propres, elle les rend souillés »... « La Caserne est un instrument de domination, surtout parce qu'elle est un instrument de corruption... »

Il y a quelques dix mois j'avais réuni, au hasard des recherches, des lectures, les diverses appréciations émises sur la Caserne. Je classais, coordonnais ces opinions, quand vint le procès Gohier. Le défenseur, Albert Clémenceau, le frère du si puissant Georges, qui n'a plus maintenant lui aussi à se tailler de succès, fut conduit quasi forcément dans sa plaidoirie à faire ce même travail. Excellent, cet arrangement a de plus l'avantage d'être tout imprégné, tout pénétré de la netteté, de la logique, de la vie enfin d'une belle plaidoirie. Et, sans fausse honte, je copie simplement tout le passage, où se trouvent d'ailleurs toutes les citations que j'avais réunies:

« M. Gohier n'assimile pas l'armée et la caserne, puisqu'il dit que cette dernière est pour l'armée une cause de débauche et de corruption. Vraiment, Messieurs, je ne comprends pas qu'on oblige à venir discuter sérieusement ici les vices de la caserne. Est-ce la peine ? N'y a-t-il pas parmi vous quelqu'un qui ait son fils au régiment? A celui-là, je dirai : M. le Juré, quand vous serez dans la chambre des délibérations avec vos collègues, dites-leur donc quel est le langage que vous avez tenu à votre enfant, lors de son départ. Vous lui avez dit n'est-ce pas : Conduis-toi bien, ne t'énivre pas, et fais attention aux femmes.

« Et bien, ce qu'a chuchoté, l'un de vous à son fils, c'est ce qu'a dit M. Gohier sous une forme un peu plus accentuée, voilà tout.

« M. l'Avocat général en est venu

jusqu'à nous contester le droit de dire qu'à la caserne on voyait fleurir l'ivrognerie... Vraiment c'est pousser le paradoxe un peu loin, et j'éprouve quelque honte à contredire une telle opinion devant les Français qui ont fait leur service militaire. Pourtant il le faut, il faut se résigner à détruire les illusions de notre éminent adversaire en lui prouvant qu'il est seul de son avis.

« Pour Jules Simon, — un calme philosophe, — la caserne est un lieu « d'éducation malsaine ». « C'est bien souvent à la caserne, le grossier, qui abaisse le civilisé jusqu'à lui, » « c'est une victoire de la matière sur l'esprit.» M. Demolins partage cet avis, ajoutant que « le passage par la caserne diminue notablement la valeur morale de l'individu.» Déjà Émile de Girardin avait affirmé qu'à la caserne les Français « ne pouvaient prendre que l'habitude du désœuvrement » et « se corrompre d'esprit et de corps. » Il n'est pas jusqu'aux collaborateurs de *La Revue des Deux Mondes* qui n'apportent confirmation de ces précé-

dentes opinions, du reste en accen
tuant la note :

« Il résulte du moins des renseignements
recueillis avec un grand soin sur des points
opposés, auprès de gens divisés d'origines
et d'opinions, mais également adonnés à
l'observation sociale, que, de leur passage
à l'armée, un bien grand nombre de jeunes
gens rapportent dans leurs familles un sens
moral diminué, le dédain de la vie simple
et laborieuse, et, dans l'ordre physique, des
habitudes d'intempérance et un sang vicié
qu'ils transmettent. »

« Opinions de « civils » nous dira
peut-être notre adversaire ! L'avis
conforme du clergé le fera-t-il réflé-
chir ?

« Voici par exemple le Père Forbes,
un jésuite, qui, prêchant à Sainte-
Clotilde, avec permission spéciale de
l'archevêque de Paris, s'écriait :

« Les familles donnent à l'armée des jeunes
gens purs et sains de corps ; elle leur rend
des hommes pourris jusqu'aux moelles,
atteints de maladies honteuses, et de vices
dégradants. Quand donc les officiers auront-
ils conscience de leurs devoirs ! »

« Et, dans une lettre, il ajoutait :

« Que des habitudes de débauche soient
très répandues dans l'armée parmi les sol-

dats c'est ce que m'apprennent d'innombra-
bles lettres d'enfants spirituels à moi, qui
ont passé dans la caserne un temps d'horreur dont le seul souvenir leur fait dresser
les cheveux sur la tête. »

« L'abbé Crestey, dans un volume
intitulé *Sans Dieu*, s'exprime d'une
façon bien sévère pour M. l'avocat
général :

« Imagine-t-on une civilisation qui se ren-
gorge d'honneur et de fierté et qui livre à
la *débauche* tous les citoyens, obligés de
passer par ce *lieu d'infection morale* qu'on
*nomme la caserne? Expressions qui nous brû-
lent les lèvres tant elles paraissent violentes.
Elles ne sont que la vérité et voilà une de
ces hontes qu'il faut être dissolu jusqu'aux
moëlles pour ne pas ressentir.* »

« Enfin, les plus dévoués admira-
teurs de la caserne ne vont-ils pas
modifier leur opinion, en écoutant les
Excellents Conseils de Monseigneur
Fourier, dans *Le Livre de poche du
soldat français* :

« Je l'avoue néanmoins, il est à craindre
que la caserne ne vous déflore par la lubri-
cité des conversations, par l'ostentation du
vice, par les livres et les chansons obscènes,
par la sollicitation impudente des corrup-
teurs, par les tentations secrètes provoquées
de toutes manières.

« Il (*le soldat*) fuira ceux qui dénigrent sans cesse leurs supérieurs, et pour qui le métier n'est qu'un supplice, il évitera les dissipateurs, les ivrognes, les insolents, les querelleurs, les coureurs de bals et de maisons suspectes, tous ceux enfin dont les actes ne sont qu'un tissu de mauvais exemples...

« A un autre point de vue, le désœuvrement, les conversations grossières, *les jeux inconvenants de la chambrée* ne sont-ils pas très dangereux. »

« Voilà n'est-ce pas un tableau de la caserne qui est quelque peu en opposition avec la riante image esquissée par M. l'avocat général, qui pourtant n'a pas poursuivi l'auteur.

« Mais peut-être, M. de Freycinet était-il de bonne foi quand il a porté plainte : en effet, il n'a jamais été soldat. Élève de l'École polytechnique, il ne connaît pas la caserne, ou s'il la connaît c'est pour l'avoir traversée comme Ministre, un jour de revue. Il s'imagine sans doute que la chambrée est toujours ainsi : Une grande pièce très proprement entretenue dans laquelle, bien alignés, s'allongent des lits correctement faits. Pareil à une statue, au pied de chaque lit un homme debout, immobile, propre, silen—

cieux. les mains dans le rang. (*Sou-
rires.*)

« On comprend alors qu'ayant lu le
livre de Gohier, M. le ministre de la
guerre se soit ému, et se soit écrié :
« La caserne n'est pas telle que Gohier
l'a dépeinte ; je n'ai jamais vu dans
une caserne des ivrognes ou des
syphilitiques, jamais je n'y ai entendu
de mauvais propos ! » (*Hilarité*).

« Mais non... c'est, hélas ! une erreur !
M. le ministre de la guerre n'est pas
si naïf, car c'est bien lui qui dans un
ouvrage intitulé *La guerre en province
pendant le siège de Paris* a écrit les
lignes suivantes :

« La présence du soldat sous les drapeaux
doit être strictement limitée au temps nécessaire pour apprendre le métier des armes
et doit être pour lui l'occasion, non seulement de se façonner à la vie militaire, mais
aussi de combler les vides de son éducation
première.

« Aujourd'hui la vie du soldat est de nature
plutôt à amoindrir sa valeur morale qu'à
l'augmenter. »

« M. L'Avocat général. — C'est
écrit en 1871, c'est le service de 7 ans.

« Me Clémenceau. — Ah ! Parfait !

je comprends votre théorie, il y avait les mauvaises casernes, celles de 1871, puis il y a les bonnes casernes, celles d'aujourd'hui. Mais M. l'Avocat général, si vous avez été dans une chambrée, je me permettrai de vous demander où est la différence et quel est le changement. A la chambrée que vous avez vue, on ne trouvait jamais d'ivrognes, même le dimanche? jamais d'hommes malades dans les conditions *que vous savez*, on n'y tenait jamais de mauvais propos, tout y était propre et décent ? Demandez à tous ceux qui ont traversé des casernes s'ils se souviennent de ces plaisanteries qui sont classiques, à commencer par le lit en bascule pour finir par le *viol* de la patience. Toutes ces grossièretés nous les avons vues, et nous savons que tout se fait sous l'œil bienveillant des gradés. Voici donc ce que dit M. de Freycinet :

« Aujourd'hui, la vie du soldat est de nature plutôt à amoindrir sa valeur morale qu'à l'augmenter. Retenu pendant plusieurs années au régiment, employant à des manœuvres fastidieuses 4 à 5 fois le temps qu'il faudrait, occupé uniquement à des soins matériels, il passe une grande partie de ses journées dans l'oisiveté, l'esprit ouvert à toutes les occasions de débauche qu'offre le séjour des grandes villes.

« Il fréquente le cabaret, il fait de mauvaises connaissances... Il perd dans ces habitudes malsaines, le respect de l'autorité, le sentiment du devoir, l'esprit de sacrifice. Entré au régiment ignorant et honnête, il en sort trop souvent aussi ignorant mais corrompu. Heureux encore, quand il n'emporte pas avec lui des goûts de paresse qui le mettront pendant longtemps dans l'impossibilité de gagner honnêtement sa vie. »

« Voilà bien un exemple illustre ! Gohier en avait d'autres.

« Ainsi à la Chambre, M. Drumont avait dit :

« Je puis penser comme philosophe, au point de vue social, que le service obligatoire, qui est la conséquence de l'état général de l'Europe, est une *canse d'affaiblissement et même de démoralisation jusqu'à un certain point pour le pays.(Applaudissements ironiques à l'extrême gauche — Bruit au centre).*

« M. PASTRE. — Très bien !

« M. EDOUARD DRUMONT. — C'est, qu'en effet, il enlève aux champs des paysans qui vivraient heureux, qui feraient de beaux enfants, qui s'ennuient profondément à la caserne. *(Applaudissements sur divers bancs à l'extrême gauche)* et qui rapportent dans

les campagnes la corruptions des villes. Je
constate là un fait évident. En réalité, sur
tous les bancs de la Chambre, à quelque
opinion qu'on appartienne, on est de mon
avis en théorie. »

« Et au Palais de Justice, dans cette
salle même, M. l'Avocat général Rau,
au cours de son réquisitoire contre
l'auteur de *Sous Offs*, avait dit à son
tour :

« Il est certain que la vie de caserne n'est
pas l'idéal, que souvent, le soldat est mal
couché et mal nourri, que le corps des sous-
officiers peut renfermer des personnalités
tarées ou indignes de porter l'uniforme... »

« Enfin un académicien qui écrit avec
la même facilité en prose ou en vers
— j'ai nommé M. François Coppée —
a par deux fois soutenu une thèse
contraire à celle de l'accusation
d'aujourd'hui :

« Il faut bien l'avouer *ce passage de tous les
jeunes Français au régiment offre de graves
périls. Ce n'est pas là, d'abord, une école
d'hygiène et de moralité. Puis le soldat perd
l'habitude du labeur régulier, s'accoutume
au séjour des villes, en adopte les vicieux
plaisirs.* Depuis le service obligatoire, les
campagnes se dépeuplent de plus en plus.
Le paysan en pantalon rouge rêve de
rester dans le grand centre où il tient gar-

nison ; il y devient souvent domestique ou manœuvre, et les bras manquent aux charrues. »

« Voilà pour la prose, et voici pour les vers :

Lui, la conscription à 20 ans l'avait pris.
Être soldat cela se nomme encore *service*.
Il maudit ce métier *qui lui donnait un vice :
De pauvre, on l'avait fait devenir paresseux.* »

« Je pourrais justifier mot par mot chacune des épithètes appliquées par Gohier à la caserne, vous montrer par exemple que le dictionnaire Larousse parle « des habitudes grossières et crapuleuses » que ces expressions, « habitudes crapuleuses acquises au régiment » ont paru dans l'*Echo de Paris*... ; je pourrais vous parler de la débauche sale, de la fainéantise, etc., etc. A quoi bon ! Parlerai-je de l'alcoolisme ? demandez à qui a passé par le régiment de vous conter la rentrée des permissionnaires un dimanche soir, et vous serez édifiés.

« Plus grave est la question de la syphilis, et malheureusement, il m'est trop facile encore sur ce point de faire la preuve. Il me suffit de laisser la parole au Professeur Fournier, membre de l'Académie de Médecine.

« Dans son étude, intitulée *Prophylaxie publique de la syphilis*, je relève les passages suivants :

« La sollicitude de votre Commission devait naturellement s'étendre à l'armée *où les contaminations syphilitiques atteignent une si lamentable fréquence...* Un médecin militaire nous a communiqué trois cas dans lesquels *huit, dix* et *vingt-deux* soldats avaient été infectés par la même femme.»

« Dans *Les Maladies du soldat* par le Dr Marrana, médecin principal, nous apprenons que « l'armée constitue un moyen excessivement favorable à la propagation des maladies vénériennes » et que « les exemples de transmission accidentelle de syphilis dans l'armée ne sont pas rares, par suite de l'usage commun de certains objets : cuillères, quarts, pipes, bidons, etc., etc. » La statistique dira le dernier mot sur la question ; et nous trouvons dans l'ouvrage de M. Mathieu cette indication précise : Pour 1000 hommes d'effectifs la moyenne des vénériens est de 49 dans l'infanterie, de 63 dans la cavalerie et de 67 dans l'artillerie. Insister est inutile n'est-ce pas ? » (A. CLÉMENCEAU, plaidoirie du Procès Gohier).

En plus de ces extraits, si heureusement choisis par A. Clémenceau, j'avais réuni quelques passages les plus saillants, de G. Courteline, Chevalier de la Légion d'honneur s. v. p., qui s'est fait une spécialité des descriptions de vie militaire. J'avais encore en manuscrit des pages du beau volume de A. Lantoine "La Caserne", et du puissant écrit de Jean Grave "La Grande Famille".

Les proportions de ce petit opuscule me forcent à me limiter.

Je réserve de même tout le chapitre, déjà composé d'ailleurs, sur "Biribi. Les compagnies de discipline." Mon sujet (le Militarisme), tout d'idée, se suffisant à lui-même; conseillant d'ailleurs au lecteur curieux, et intéressé par cette publication la lecture de G. Darien, et surtout les pages vécues de Dubois-Desaule ("Sous la Casaque", Stock 1899) — entre tant d'autres !

J'aurais terminé là la tâche que je m'étais imposée et laisserais au lecteur la latitude de conclure, mais l'enquête faite par l'"Humanité Nouvelle" sur la Guerre et le Militarisme nous montre dans la presque unanimité des opinions émises la volonté nette de combattre le militarisme. J'y vois, 60, 80 réponses, des hommes les plus divers, du monde entier, trouver **« déplorables »** les effets du militarisme, quand 10, 6 à peine, et avec combien de restrictions, l'admettent encore.

C'est de tous les pays, de tous les milieux, d'hommes à conceptions politiques, économiques, sociales les plus opposées, que vient cette unanimité contre le militarisme.

Je m'en voudrais de ne pas citer, dans le tas, l'opinion de Bancel, Français, pharmacien, socialiste-libertaire: « Le militarisme provoque l'abrutissement des officiers et des soldats. Il brise leur individualité, les transforme en automates et réveille chez les ignorants des sentiments de brutalité et d'intolérance. » à côté de l'opinion du publiciste G. Trarieux : « Les effets du militarisme me paraissent tenir en un mot : ils organisent parmi les peuples une relative barbarie. »

La révolutionnaire violente, Louise Michel dit : « Les effets généraux, intellectuels, moraux, physiques, économiques du militarisme, sont l'étouffement de toute initiative, sous le poids de la discipline, l'anéantissement de toute initiative individuelle, le rêve de l'idéal réduit aux fleuves de sang, où boivent les épées, » comme M. A. Fouillée, de l'Institut : « Les vertus dites militaires, courage, patience, ordre, endurance, discipline, patriotisme, sont au fond des vertus civiques, qui trouvent à s'exercer dans une foule de professions... Pendant la guerre, on assiste au *déchaînement de tous les instincts de la brute*, avec des occasion d'héroïsme pour ceux-là seulement qui ont déjà naturellement l'âme courageuse et héroïque. »

Yves Guyot, ancien ministre, disant,

« Le militarisme défend aux gens de penser eux-mêmes, et d'avoir de l'initiative jusqu'à ce qu'ils deviennent généraux ; alors on leur dit : agissez et pensez — A quel âge ? — La morale professionnelle et la résignation aux chefs ; *l'orgueil et l'insolence à l'égard du pékin !*... Les effets économiques sont *ruineux* au point de vue des hommes dont les forces sont perdues, au point de vue du gaspillage des capitaux. Les effets politiques déplorables... » Guyot coudoie Jean Grave pour qui : « Le militarisme a pour effet d'abaisser le niveau moral et intellectuel de ceux qui y passent, d'en faire des fainéants, des ivrognes, des mouchards ».

L'abbé Chéri Pichot, prêtre catholique, professeur de mathématiques, trouve que : « C'est à peine si des *préjugés enfantins, une éducation païenne* joints à *des intérêts privés,* maintiennent encore entre les nations, dans l'Europe du XIXme siècle, les *haines artificielles,* les *préjugés nationaux,* PRÉTEXTES du militarisme et de la guerre ». l'abbé Pichot est aussi dur que l'ex-prêtre, Victor Charbonnel qui se dévoile dans ses écrits et ses conférences, esprit si supérieur : « Le militarisme est détestable : guerre en paroles, en menaces, en perpétuelles préparations, en forfanterie, en provocations de frontière, en vociférations de chauvinisme et en spadassinades patriotiques. C'est la grande erreur et le grand ridicule social de notre âge. C'est l'effroyable et stupide préjugé, le dernier sans doute auquel le Prince aura asservi le Peuple. » Tout comme le littérateur libertaire et philosophe chrétien, Comte Léon Tolstoï jetant sans cesse, ainsi que Caton l'ancien pour Carthage, son cri de suppression de la guerre et du militarisme. Tolstoï prêchant *le refus du « service militaire* qui force l'homme à passer trois ou quatre années de sa vie dans des milieux vicieux, à pratiquer l'art de tuer, étant dans la même captivité que dans une prison, mais ayant en plus à se morfondre dans une humiliante et dépravante soumission.» prêchant le refus du «serment d'obéissance passive à des êtres immoraux qui ont pour but avéré et avoué le meurtre » ; Tolstoï prêchant en apôtre au nom de Jésus, au nom de la bonté, au nom de la conscience humaine.

« Le militarisme est un dépérissement moral et physique : au point de vue économique, c'est un fléau, et au point de vue politique, une catastrophe » écrit Frédéric Musso Italien, Professeur, Chevalier de la couronne d'Italie. C'est ce qu'écrit Paul Passy, docteur ès-lettres, directeur adjoint à l'Ecole des Hautes Etudes d'histoire : « Le militarisme, est un mal sans mélange.» M. Pompeyo Genes, espagnol, docteur ès-sciences, commissaire à l'Exposition de 1900, trouve les effets du militarisme « les plus désastreux » et ajoute : « Mais d'abord, et avant tout, il faudrait se demander : *Est-il nécessaire, le militarisme, même dans le cas où les nations supérieures devraient être armées pour se défendre ?* Je crois que *non.* »

C'est l'opinion de M. Frédérik Bajer, ancien officier de cavalerie, ancien député danois, qui « trouve

affreux les effets intellectuels, moraux
physiques, économiques et politiques
du militarisme, » exprimant les mêmes
idées d'Amilcare Cipriani, député révolutionnaire italien: «Tant que le militarisme existera, tant que cette caste pré
potente, brutale, barbare, féroce et san-
guinaire, grouillera au cœur de la
société, il n'y aura pas de sécurité
pour le progrés, pour la civilisation,
pour nous tous qui combattons pour
l'idée sociale, libertaire, pour une
société basée sur l'égalité économique, *sur l'Amour*. Le militarisme, c'est
la haine, c'est la guerre, c'est l'oppres-
sion, c'est la véritable épée de Damo-
clès suspendue sur les travailleurs. »

Citons les appréciations de deux
femmes pour terminer.

Mme Marya Cheliga, polonaise,
vice-présidente de la Ligue des femmes pour le Désarmement, écrit :
«L'effet moral du militarisme? Mais
c'est l'entrainement au meurtre et à
la débauche. Toutes les belles phrases
dont on l'habille ne sont qu'un dé-
guisement des pires passions. L'Evan-
gile du soldat est : d'être toujours prêt

à tuer son prochain ; les lieux de débauche constituent son foyer familial. L'effet intellectuel ? Mais il est défendu au soldat de raisonner, de critiquer, de lire ; il doit obéir passivement. C'est logique, puisqu'il n'est que la chair à canon ; or, la matière ne pense pas.

« Les effets physiques sont bien connus : en temps de paix, insolations, membres cassés, maladies diverses.

« Pendant la guerre, inutile d'insister. Passons à l'ordre économique.

« Eh ! bien, la guerre c'est la ruine pour l'agriculture qui manque de bras, pour la famille qu'on prive de son soutien naturel. Au moment où le père devrait trouver dans ses fils un aide, on les lui arrache pour les envoyer chercher la mort. Pour comble de paradoxe, ce sont les parents eux-mêmes qui, contribuables, payent les frais de ces *expéditions*. »

Mme Elisabeth Renaud, française, institutrice, n'est pas plus tendre : « Pour tous les êtres qui pensent, sentent et ont la franchise de dire leurs pensées, le militarisme amoindrit l'individualité intellectuellement, fausse ses idées de justice et vérité, paralyse son initiative privée, parce que c'est l'obéissance passive à un code sauvage, dernier rempart de la barbarie des siècles écoulés, Code en contradiction flagrante avec le niveau scientifique contemporain, avec le plus vulgaire bon sens, avec la pédagogie rationnelle la plus élémentaire qui veut que l'enfant pense, soit responsable, se fasse une conscience et surtout n'agisse que par cette boussole suprême, seul moyen d'être un homme logique, honnête dans toute l'acception du mot.

« Le militarisme, c'est l'effacement, dans la plus large mesure, de ce qui nous sépare de la brute, de la faculté de penser ; c'est un attentat à la liberté, car la pensée, c'est la Liberté même. »

Peut-on plus dire, et mieux dire ?

Henry Raymond.